GOLDMANN

Buch

Liebevoll – nur für dich – wenden sich diese Gedichte an den Leser, auch wenn nicht immer in ihnen von der Liebe die Rede ist. Der Augenblick und die eigene Erfahrung sind festgehalten, leicht und ohne großes Pathos. Fast immer werden wir am Ende überrascht nach einem behutsam sanften Einsatz.

Hans Kruppas Gedichte kommen aus dem Alltag, und sie sind für den Alltag gemacht – wo sie sich spielerisch geben, meinen sie doch ernst, was sie sagen wollen.

Autor

Hans Kruppa, Jahrgang 1952, lebt als Schriftsteller in Bremen. Er hat mehr als zwanzig Bücher veröffentlicht. Er sagt von sich: »Ich schreibe, um meine Wahrheit so rein wie möglich zu geben.«

Als Goldmann-Taschenbücher sind außerdem lieferbar:

Nur wer sich liebt. Gedichte (8971)
Schau mal rein. Gedichte (8920)
Liebesgedichte (9266)
Ein Abend mit Dir. Roman (9234)
KAITO. Ein Märchen (9422)
Mitgefangen – Mitgehangen. Irrwitzige Geschichten (9457)
Der Witz dabei. Minigeschichten (21028)
Die fliegenden Erdbeeren. Roman (9631)
Lust auf Leben. Gedichte (9713)

Hans Kruppa

NUR FÜR
DICH

Gedichte

Mit neun Grafiken
von Ines Schröder

GOLDMANN VERLAG

Der Goldmann Verlag
ist ein Unternehmen der Verlagsgruppe Bertelsmann

Made in Germany · 3/91 · 6. Auflage
Genehmigte Taschenbuchausgabe
© 1983 by Franz Schneekluth Verlag, München
Umschlaggestaltung: Design Team München
Druck: Elsnerdruck, Berlin
Verlagsnummer: 8869
UK/Herstellung: Heidrun Nawrot/SC
ISBN 3-442-08869-0

Man betrachte nur die Liebe. Nirgends
wird wohl die Notwendigkeit der Poesie
zum Bestand der Menschheit so klar,
als in ihr. Die Liebe ist stumm,
nur die Poesie kann für sie sprechen.

Novalis

Nur für dich

Für dich lasse ich meine Blicke aufblühen,
gehe in meinen Gefühlen baden,
putze meine Gedanken,
bis sie glänzen.

Für dich tanze ich auf einem Bein,
singe laut auf offener Straße,
mache mich zum Gespött der Leute.

Für dich bringe ich mir die Flötentöne bei,
heule den Mond an,
frühstücke um Mitternacht.

Für dich nehme ich das Leben
auf die leichte Schulter
und gehe damit
bis ans Ende der Welt –
wenn du dort auf mich wartest.

Helle Sicht

Dein Gesicht,
bis auf die Augen,
überspült von Wellen
aus Licht,
und ich sehe hell:

Du wirst blühen
und unsre Herzen
mit einem Duft
erfüllen,
der nicht welkt.

Zur rechten Zeit

Keinen Tag zu früh,
gerade als ich deine Existenz
als meine Wunschvorstellung
abtun wollte,
stolperte mein Leben
über deins
und fiel himmelhoch.
Du warst das Wunder,
an das ich nicht mehr glaubte,
die Tür,
an die ich nur noch
aus Gewohnheit klopfte,
der Anblick,
der meine Augen
an sich zweifeln ließ.

Als dann die Schleier
zwischen unseren Blicken fielen
und wir die Nahrung
unserer Liebe füreinander
in uns aufnahmen,
starben die Grenzen zwischen uns
an mangelnder Beachtung,
und das Leben feierte
ein Wiedersehensfest
in unserer Umarmung.

Sonnenseele

Ich lasse mich steigen
in die Höhen deines Wesens,
wo Liebe in immerfrischer Blüte steht,
wo Zweifel keine Wurzeln treiben können.

Ich lasse mich sinken
auf den Grund deines Herzens,
wo all der hohle Lärm verstummt –
und sich ein Paradies der Stille öffnet.

Ich lasse mich zergehen
in den warmen Strahlen deiner Sonnenseele,
im wissenden Fühlen,
aufs neue zu entstehen –
als in die Wirklichkeit
Hineinverzauberter.

Knospen

Ich kam zu dir mit leeren Händen,
doch als ich ging,
nahm ich Geschenke von dir mit:
die unsichtbaren Gaben deines Wesens,
das mich anzieht
wie ein Lächeln das andere.

Du gibst mir Knospen,
wenn ich bei dir bin;
und bin ich eine Weile fort,
gehn sie zu Blüten in mir auf,
und ich verstehe ihren Sinn.

Daß du mich verzauberst,
wenn ich in deiner Nähe bin,
sagte ich dir vor ein paar Tagen.
Aber eben,
als ich in den Spiegel sah
und deine Art, mich anzuschauen,
in meinem Blick erkannte,
da mußte ich es mir selber sagen.

Worte

Du bist über mir
wie ein weit offener Himmel;
ich atme deine Freiluft.

Du bist unter mir
wie ein frischer fester Boden,
der mich trägt
und unter meinen Schritten lebt.

Du bist in mir.
Ich fühle deine Kraft
als meine,
ich bin erweitert
um deine Lebendigkeit.

Ich sage,
so bist du,
aber was ist schon damit gesagt?

Dich zu beschreiben,
weiß ich keine Sprache
außer der des Schweigens.
Bilder zeigen deinen Weg nicht,
Worte suchen vergeblich deine Spur.

Vorfreude

Ich bin der Baum in deinem Garten,
ich halte mich versteckt im Grün
der Pflanzen auf deinem Fensterbrett,
zwischen den Daunen deines Federbetts
lieg ich dir am Herzen.
Ich hab mich eingespielt
in die Rillen deiner Lieblingsschallplatten,
ich treibe auf den Wellen deiner Atemzüge
in unbekannte Fernen
und warte auf den Augenblick,
in dem dein Schweigen sagt:

„Ich komme mit,
wohin die Reise
auch gehen mag!"

Innen und Außen

Meine Liebe steht in Blüte!
Aus allen Poren ihres Wesens
duftet es süß-berauschend
nach erwecktem Leben.

Draußen rieselt erster Winterschnee.
Meine Liebe atmet Frühling:
ihr Mund ein Blütenkelch,
gefüllt mit Zaubertrank.

Ihr Blick befruchtet,
was er in mir berührt.
Schneeflocken fallen sanft,
erinnern mich an Blütenstaub.

Laß uns feiern

Komm, Liebe,
laß uns feiern
das Fest der Lebendigkeit –
als koste es unseren Tod!

Laß uns das immerneue
Lied der Freude
auf unsren Körpern spielen,
bis unsre Seelen
in einem Rhythmus schwingen
und nichts
von dir und mir zurückbleibt
als ein bodenloser Tanz,
der uns davonwirbelt –

weit hinaus
über die Grenzen
der Sehnsucht.

Faszination

Ich fühle deine Kraft
in meinen Händen,
deine Berührung
unter meiner Haut.
Ich habe von deinem Leben gekostet
und bin fasziniert –
aber mein Durst ist nicht gestillt.

Ich werde heute zu dir kommen
und mich an deiner Liebe betrinken,
bis ich dir mit dem Blick eines Berauschten
lächelnd in die Augen schaue,
als strahle aus ihnen
der Sonnenschein meines Lebens.

Im Freien

War das schon so,
bevor ich dich kannte,
daß mir der Herbstwind
mit seinen kühlen Händen
so feurig durch die Haare fuhr
und Wolken mit den
verschwenderischen Farben
eines Sonnenuntergangs
mir Bilder malten,
die mein Herz im Betrachten
schwerelos vor Entzücken machten,
als ich im Freien stand
und nicht mehr wußte,
wer ich war,
ohne mich zu vermissen.

Geheimnis

Im Beisein dieser Liebe,
die uns zärtlich umhüllt
in allsagendem Schweigen
und uns aufhebt in ihr
still-ekstatisches Geheimnis,
werde ich mit dir liegen,
deine warme Hand
in meiner spüren,
aus deinen Blicken
reines Leben trinken
und in dem sanften Rausch
unseres Ineinanderseins vergehen –
und eine Ewigkeit lang
nicht mehr auferstehen.

Überzeugung

Das ist nicht der Ort,
Träume in die Wirklichkeit
zu überführen,
nicht die Zeit,
das Zeitgefühl zu verlieren,
so dachte ich noch
vor Minuten.

Jetzt lieg ich,
deiner Anziehungskraft erlegen,
urteilslos offen
und genieße,
wie deine Hände zärtlich
alle Gedanken
aus meinem Kopf massieren.

In guten Händen

Freigestreichelt
hast du mich
vom Buch
in der Hand,
von fesselnden
Gedanken im Kopf.

Sanft prickelt Leben
in meinem Körper,
seit du ihn
in deine Hände
genommen hast.

Kommt leise

Kommt leise von hinten,
lächelt in den
Spiegel überm Waschbecken
mir zu,
küßt mir
den müden Rücken wach,
kümmert sich nicht
um die Pasta
auf der Zahnbürste
in meiner Rechten –

gehe ich schon wieder
mit ungeputzten Zähnen
ins Bett!

Handkuß

Ich küsse deine Hand.
Du schaust mich an.
Früher galt dies als
Höflichkeitsbeweis.
Ich hasse abgenutzte Gesten,
aber ich liebe deine Hände.

Gegenwart

Wenn ich nichts weiß,
ist deine Haut viel weicher,
dein Gesicht noch schöner,
deine Hände streicheln
mich zärtlicher.

Wenn ich mich
an nichts mehr erinnere,
ist unsre Liebe noch inniger,
das bloße Atmen berauschend,
blütengleich öffnet sich
mein Herz der Sonne
deines Lächelns.

Wenn ich alles vergesse,
selbst das Vergessen,
dann bin ich leer genug,
um deine Gegenwart
in ganzer Fülle
aufzunehmen.

Berührung

Dein Lächeln tanzt
mit meinen Mundwinkeln
Entzücken,
und deine Hände legen
sich auf meine Haut
wie ein ganz leichter Vogel,
der sich vor Übermut
in einen Abendtraum verfliegt,
mit Flügeln aus Kerzenlicht.

Nähe

Wenn kein Zögern
zwischen uns steht,
und unsre Nasenspitzen
zärtlich der Nacht
das letzte Hemd stibitzen,
dann finden unsre Küsse
wie von selbst
den schnellsten Weg
unter die Haut.

Manchmal

Wie ein Wunder
liegst du bei mir,
liebst und atmest
Zauber in mich hinein –

Nase an Nase,
Lippen auf Lippen,
Vertrauen in Vertrauen.

Manchmal übertrifft
die Wirklichkeit
den Traum.

Lust

Mein Naschbär
verspürt
wachsende Lust
auf deine
warme
Honighöhle.

Darin
ist es
so süß,
daß er
vor lauter Freude
manchmal
nicht
ein noch aus
weiß.

Atemlos

Gelobt sei,
was hart macht,
wenn mein Verwandlungskünstler
seinen magischen Platz
im warmen Tau deiner
Nachgiebigkeit einnimmt,
und das Spiel beginnt.

Dann hält der Wind
in uns den Atem an,
schenkt uns die Ruhe
vor dem Sturm,
der uns davonwirbelt
in immerneue Träume
des Erwachens.

Hingabe

Entspannt
Die Körper voll
mit Leben
Ineinandergeflossen
Stille
Berührung
Mein Blut
ist dein Blut
Schwester

Sogar im Schlaf

Du schläfst.
Ich lieg schon
lange neben dir.
Mein Körper,
bis in die Zehenspitzen
aufgeladen vom Glücksstrom
unserer Umarmung,
schenkt mir zuviel Genuß,
als daß ich schlafen könnte.

Was wäre,
wenn du gingst,
frag ich mich,
und du gibst
mir prompt Antwort,
als spürtest du
meine Gedanken-
sogar im Schlaf:

dein Fuß kriecht
unter meine Decke
und streichelt zärtlich
über meine Wade.

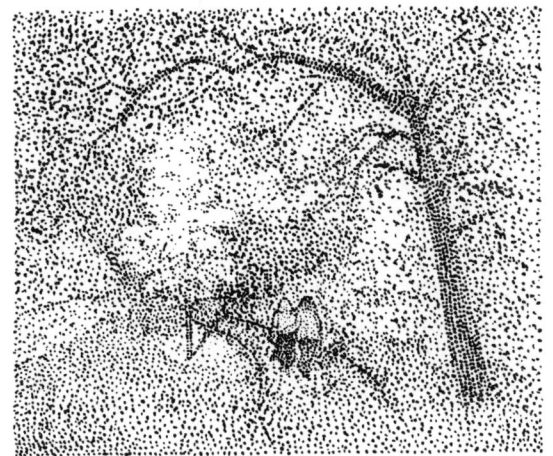

Überlegungen

Einer, der so lachen kann wie du,
sollte eine Sprache erfinden,
die alle Welt versteht.

Einer, der so weinen kann wie du,
sollte allabendlich im Fernsehen
die Nachrichten verlesen.

Einer, der so schweigen kann wie du,
sollte den Mund
nur noch zum Küssen öffnen.

Einer, der so leiden kann wie du,
sollte Mutter Erde um Verzeihung bitten
für die Zerstörungswut der Menschenkinder.

Einer, der so lieben kann wie du,
sollte immer dort sein,
wo die Angst am größten ist.

Indem du bist

›Aufgehende Sonne‹
ist mein Name für dich,
denn du erweckst
schlafende Möglichkeiten,
du erwärmst die Atemluft
der Seele,
du gibst aus vollen Händen,
manchmal mehr,
als ich aufnehmen kann:
ich fließe über
und sammle mich
in Gedichten an dich.
Du gibst,
indem du bist.
Wie gut,
daß es dich gibt.

Rätsel

Sie hat Niveau
auf allen Ebenen:
Kopf, Herz und Bauch.
Sie hat Magie, Esprit
und Phantasie, ist schön
wie eine Vollmondnacht
und hat mich stark
und schwach gemacht.
Sie kann Gitarre spielen,
singen, tanzen, dichten;
nicht mal auf Kochkunst
brauch ich bei ihr zu verzichten.
Und das gewisse Etwas
hat sie im Überfluß.
Sie anzuschauen
ist ein Genuß.

Sie liebt mich
ohne Rücksicht auf Verluste
und vertraut mir.

Warum hab ich bloß
Angst vor ihr?

Angebot

Du sagst, du hast Angst
vor zuviel Gefühl in einer Beziehung,
denn aus Erfahrung weißt du,
daß es dich überschwemmen kann.
Du sagst, du hast Angst,
dann nicht mehr klarzukommen
mit all den Zwängen,
denen dein Leben ausgeliefert ist.
Du kannst dir Schwäche nicht erlauben
in einer Wirklichkeit,
die Stärke von dir fordert,
zumal du sie verändern willst.
Du sagst, du möchtest wissen,
was du tust,
du kannst dir Risiken nicht leisten.
Du hast deine Erfahrungen gemacht
und weißt, wo deine Grenzen liegen.

Ich weiß, die Grenzen in dir
werden von guten Gründen
für ihre Existenz geschützt,
und in dem Gebiet,
das sie umschließen,
kannst du dich frei bewegen,
auf sicherem Terrain.
Packt dich denn nie die Reiselust?

Du hast dich gut an sie gewöhnt,
und darum will ich dir
auch keine deiner Ängste nehmen;
im Gegenteil, noch eine weitere
wär ich imstande, dir zu geben:
die Angst vor deinen Ängsten.

In Sicherheit

Sie ist so schön,
daß man sie umstürzen möchte,
denn ihre Schönheit
ist die von Fassaden.

Sie ist so offen,
daß man sie schließen möchte,
denn ihre Offenheit
ist die von fleischfressenden Pflanzen.

Sie ist so beherrscht,
daß man sie befreien möchte,
denn ihre Herrschaft
ist die von Gefängniswärtern.

Ihr bestbewachter Gefangener
ist sie selbst;
sie ist sich
noch nie entkommen.

Fassaden

Ich habe kein Interesse
an deinen Fassaden,
so hübsch sie auch aussehen mögen.
Fassaden tun mir weh;
ich stoße mich
an ihrer Härte.
Mich interessiert nicht mal
die Tür,
hinter der du
du bist –
ich klopfe
auf Holz.

Wenn du sie öffnest,
kann ich dich schließlich sehen,
bei dir bleiben –
oder weitergehen.

Infektion

Das Mädchen ist total verrückt!
Ich habe sie über ein Jahr nicht mehr gesehen.
Wir haben Bier getrunken auf dem Münsterplatz,
sie hat mir von ihren Psychiatern erzählt
und von ihren Plänen.
Sie sprüht vor Leben,
und ihre Augen verändern sich
mit jeder neuen Idee in ihrem Kopf.
Ihrem Lachen kann man nicht entkommen.

Natürlich ist sie nicht verrückt,
sie lebt nur gern gefährlich
und redet sehr schnell,
als hätte sie ständig Angst,
nicht fertig zu werden.
Mit sich?

Jetzt ist sie Zigaretten ziehen gegangen,
und ich schreibe
sehr schnell.

Porträt

Sie redet und redet.
Ihre Worte sind ein Gewebe,
das sie um sich spinnt.
Sie redet gut,
aber sie würde lieber still sein.
Sie versteckt sich hinter ihren Sätzen;
sie lebt in einem Zimmer aus Vorwänden.

Sie sagt,
sie sei verschlossen.
Sie klagt,
sie sei gefesselt,
aber an ihren Fesseln
läßt sie niemanden ihr Glück versuchen.
Sie trägt sie schon so lange,
daß sie ein Teil von ihr geworden sind;
sie sind ihr in die Haut gewachsen
und haben Nerven angenommen.
Jetzt hat sie Angst vorm Messer,
selbst in der ruhigsten Hand.

Verpaßte Chancen

Die Bäume lassen
ihre Früchte fallen,
wenn sie reif sind;
du hältst die deinen ängstlich fest,
bis sie verderben.

Bald fühlst du dich,
als müßtest du ersticken
unter der Last
verpaßter Chancen
in deinem Herzen;
und, um dir Platz zu schaffen
für neue Möglichkeiten,
rufst du den Winterschlußverkauf
deiner Gefühle aus,
gibst dich besonders günstig
und verramschst Restposten
ungelebter Träume.

Kein Land

Dich treibt deine Suche
nach Liebe
in ferne Länder,
wo du sie kaum eher findest
als auf vereisten deutschen Straßen,
weil sie kein nationaler Vorzug ist,
keine klimatische Besonderheit,
kein Land,
sondern ein Zustand.

Du hörst mich an
und gibst mir recht.

Doch schaust du
aus dem Fenster
auf die schneebedeckten Bäume,
sehnst du dich zurück
nach Breitengraden,
wo du dem Äquator deines Glücks
näher warst als hier,
und du träumst
von einem Flugticket
nach Nepal oder Kaschmir.

Wach doch auf –
oder willst du erst
um den halben Erdball fliegen,
nur um einzusehen:
die Welt dreht sich
in dir.

Lobgedicht

Dich schickt der Himmel –
wenn auch mit
einiger Verspätung.
Aber nun bist du hier,
und das ist Grund genug,
den Herrn zu preisen –
und die Dame,
die ihm dabei
geholfen haben muß,
unsere Liebe
auf die Welt zu bringen.

Versteckspiel

Ich suchte
mich in dir,
aber du hieltest
mich vor mir
versteckt,
denn ich
sollte zuerst
dich in mir
finden.

Alle Frauen der Welt

Alle Frauen der Welt
sah ich in dir –
in einem lichten Augenblick.

Ich will sie alle lieben,
jeden Moment eine andere –
und hoffen, daß die Zeit reicht.

Hoffnungsvoller Fall

Aus allen Wolken
fiel ich
in ein Meer
von Lust
an unsrer Liebe.

Kein höheres Leben
kann ich mir denken,
als mich immer tiefer
darin zu versenken.

Wohnwunsch

Dich verwöhnen,
bis es ganz wohnlich
wird in dir,
und dann
in dich einziehen,
um zu bleiben:
mietfrei
in deinem Herzen.

Samba

Ich spiele Saxophon
zum guten Ton
und tanze Samba
auf der Veranda
meiner Phantasie
wie nie.
Dein Blick spricht Bände!
Ich geh die Wände
hoch, wenn du mich so ansiehst,
mir so unverblümt entgegenblühst.

Standort

Du gehst mir nach,
du gehst mir nah,
und ich bin weit
davon entfernt,
mich von dir
zu entfernen,
stehe ich doch
zu deiner freien
Verführung.

Eigenschaftsworte

Unsere Liebe
kommt aus der Seele,
geht durch
Mark und Bein,
liegt uns
am Herzen,
hat Hand und Fuß
und Köpfchen
obendrein.

Fußnote

Du ziehst mir
den Boden unter
den Füßen weg,
und ich falle –

dir zu Füßen.

Widerspruch

Mein Herz
ist nicht frei,
sagte ich der anderen,
aber was sage ich –

es hat sich nie
so frei gefühlt
wie in den Weiten
deiner Nähe.

Staunen

Wenn unser Staunen
grenzenlos ist,
weil die Wirklichkeit dem Wunsch
zutraulich aus der Hand frißt,

dann ist es Zeit,
das Sprachliche zu segnen,
um dem Wunderbaren
grenzenlos sprachlos zu begegnen.

Seiltänzer

Wir haben zusammengehalten,
als das Seil nicht mehr hielt,
auf dem unsre Träume
zueinander balancierten,
mit schlafwandlerischer Sicherheit.
Wir blieben lieb zueinander
nach dem bösen Erwachen
und spannen jetzt ein Netz
unter das neue Seil:
das hält,
was unser Hochgefühl verspricht.

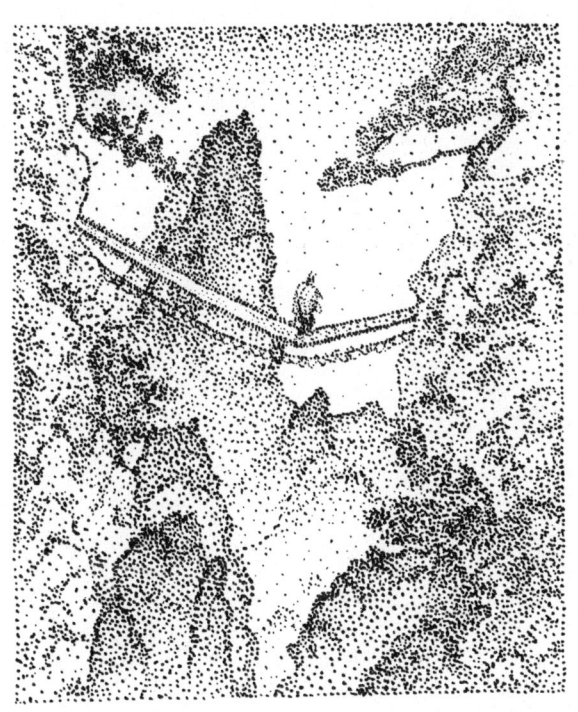

Auslegungen

Geht er auf sie zu,
wirkt er aufdringlich;
hält er sich zurück,
muß er ein Angsthase sein.

Ist er lieb zu ihr,
ist das seine Masche;
wird er auf sie wütend,
zeigt er sein wahres Gesicht.

Möchte er sie in den Himmel heben,
ist er ein hoffnungsloser Träumer;
würde er sie am liebsten auf den Mond schießen,
ist er gemeingefährlich.

Spricht er von seinen Gefühlen, trägt er sein Herz
immer gleich auf der Zunge;
verschließt er sich vor ihr,
entpuppt er sich als Eisberg.

Pokert er um ihre Zuneigung,
versucht er, sie zu bluffen;
legt er seine Karten auf den Tisch,
hat er garantiert noch ein As im Ärmel.

Was er ihr auch gibt,
es ist nicht genug;
gibt er endlich auf,
hat er es nie richtig versucht.

Nachruf

Ich gedenke meiner Verliebtheit
und ihres ruhelosen, unerfüllten Lebens.

Weil sie umsonst war,
glaubtest du nicht an ihre Kostbarkeit.
Weil sie wie ein Blitz aus heiterem Himmel kam,
glaubtest du nicht an ihre Beständigkeit.
Weil sie keinen Wert auf ihre Garderobe legte,
glaubtest du nicht an ihren Reichtum.

Als sie nackt durch den Frost lief,
glaubtest du nicht an ihre Wärme.
Als sie im Regen vor deiner Haustür schlief,
glaubtest du nicht an ihre Verletzbarkeit.
Als sie dann schließlich todkrank wurde,
glaubtest du nicht an ihre Heilung.

Und du behieltst recht:
sie starb –
bevor sie
zu Liebe werden konnte.

Scheitern

Verstecken
mochte ich nicht
mit dir spielen.
Still werden
wollte ich mit dir
und unser Einssein feiern.
Du aber suchtest Hilfe
bei der Suche nach deiner
Einzigartigkeit.
So blieben wir getrennt:
zwei Fremde,
die keine gemeinsame Sprache fanden.

Und ich wollte doch nur

Als ich
der reiche Bettler war,
gabst du mir Almosen.

Als ich
der arme König war,
fielst du mir vor die Füße.

Und ich
wollte doch nur
Hand in Hand mit dir gehen.

Entartung

Wir haben gut gekämpft,
uns nichts geschenkt.
Wir haben uns beobachtet
wie ein Boxer den anderen,
nach Deckungsschwächen suchend,
um Stärke zu beweisen.
Wir haben Hiebe ausgeteilt
und gingen in die Knie,
erst ich, dann du,
und kamen uns sehr dumm vor,
denn angefangen hatte alles
mit Umarmungen.

Lieblose Liebe

Deine Liebe
ist ein Stein, eine Rache, ein Triumph,
eine Art von Wahnsinn –

ist eine Angst vor deiner eignen Tiefe,
ein Zurückweichen, hilfloses Zögern,
und doch so mutig –

ist ein trauriges Gedicht,
ein Schlußpunkt hinter einem Widerspruch,
ist eine Grenze,
die nicht überschritten werden darf –

ist eine Maske, ein Kompromiß,
und doch ein heiles Stück Natur,
ein Fließen mit dem Strom –

ist mir ein Rätsel, ein Geheimnis,
leicht zu zerstören,
schwer zu verstehen,
kaum zu ertragen.

Grausam und wunderbar,
lieblos ist deine Liebe –
und doch so stark,
daß ich nicht lassen kann
von ihren Schwächen.

Passé

Hast du gewonnen?
Hast du verloren?
Dein Spiel hatte mich gereizt.
Mich faszinierte der Ernst,
mit dem du dich ihm hingabst,
die Selbstverständlichkeit,
mit der du es zu einem System machtest,
zu deinem einzigen Glauben.
Tut mir leid,
daß ich ein Spielverderber bin,
doch meine Bewunderung hat nachgelassen –
deine Regeln machen mich mürbe:
ich passe;
ich passe nicht
in dein System,
meine Antworten
reimen sich nicht
auf deine Fragen.

Ein paarmal glaubte ich,
dich zu sehen, wie du wirklich bist –
hinter den Barrikaden deiner Regeln;
inzwischen sehe ich
nur noch die Schwindel-Freiheit,
mit der du dich im Kreis bewegst.

Ruinen

Deine Freude ist aufgesetzt –
wie die Mütze,
die du trägst
gegen die Kälte;
sie verbirgt nur notdürftig,
daß wir uns fremd geworden sind.
Nach all den Worten,
die ohne Gewinn gewechselt wurden –
was gibt es noch zu sagen?
In der Winterluft
vereisen deine Blicke
auf dem Weg zu mir.
Ich friere
in den Ruinen
unserer Vertrautheit.

Hoffnung

Dein langes Schweigen
sagt gegen mich aus.
Bin ich schuldig
an der Verletzung
deiner inneren Grenzen?
Bin ich schuldig
an der Mißachtung
deiner verborgenen Ängste?
Habe ich die ungeschriebenen Gesetze
deiner Lebensweise übertreten?

Ich sitze
auf der Anklagebank
des Wartens,
immer noch gefesselt
von der Hoffnung
auf einen Freispruch
aus Liebe.

Abschied

Ich hab dich lieb
und muß wohl blind
vor Liebe sein,
sonst sähe ich ein,
was unumgänglich ist
aus deiner Sicht.

So kann ich nur
den Ort verlassen,
an dem ich mich
verlassen fühle,
und meines Weges gehen –
Hand in Hand
mit der Hoffnung,
daß wir uns hinter
der nächsten Biegung
wieder sehen.

Wenn unsre Liebe

Wenn unsre Liebe
ein hoher Baum war,
der in den Himmel wachsen wollte,
hat ein Unwetter
ihn entwurzelt.

Wenn unsre Liebe
ein stolzes Schiff war,
auf großer Fahrt ins Wunderland,
hat ein Eisberg
es versenkt.

Wenn unsre Liebe
ein Palast
mit tausend geheimen Türen war,
hat ein Erdbeben
ihn zerstört.

Wenn unsre Liebe
ein Kind war,
ist es
an einer Kinderkrankheit
gestorben.

Jetzt treffen wir uns
von Zeit zu Zeit
an seinem Grab,
auf dem das Gras
schon hoch gewachsen ist –
und gehen schließlich
miteinander um wie zwei,
die Freunde werden möchten.

Das Geschenk

Sie schenkte ihm ihre Probleme,
liebevoll eingepackt
in Zärtlichkeit und Leidenschaft.

So sehr er sich auch bemühte:
er konnte sie nicht lösen;
so gab er ihr
das Geschenk zurück.

Da wollte sie auch
die Verpackung wieder haben.

Aber er hatte daraus
Papierschwalben gefaltet,
die waren ihm
längst davongeflogen.

Vorschlag

Laß uns zusammenkommen
und die Türen öffnen,
hinter denen
wir bequem sitzen
und an Illusionen stricken,
die der Wirklichkeit
nicht passen.

Liebe

Liebe –
so ein gutes Kind.
Sperr es nicht ein
in deinem Herzen,
laß es frei
und groß werden.

Erst wenn es
dir über den Kopf
gewachsen ist,
kannst du
über dich
hinaussehen.

Erwartung

Komm, ich warte
heute abend nur auf dich!
Mein Herz schlägt Purzelbäume
auf der Wiese deines Kommens,
die Minuten drängen sich
wärmesuchend zusammen
und stehen Schlange
vorm Eingang deiner Ankunft.
Sesam, öffne dich,
sonst verwarte ich mich.

Laterne

Laß uns den Abend abbrennen
wie eine Kerze.
Leg eine Platte auf,
setz dich zu mir aufs Bett
und schließ die Augen:
wir müssen uns wieder sehen lernen.
Der Winter war zu hart,
die Kälte hat uns krank gemacht,
und viel zu lange ist es her,
seit wir in einem Rhythmus atmeten.
Mach dein Haar auf –
mach dein Herz auf –
die Musik ist unser Freund.
Zünde unser Licht an
und laß uns den Abend
wie eine Laterne
durch das Dunkel tragen,
in dem wir so lange gewartet haben.

Anliegen

Liebe Worte,
bitte macht mir ein Gedicht,
eins, das von Sonne warm ist
und von offenen Fenstern handelt
und vom Jüngerwerden;
ein Gedicht,
das nichts vergißt,
das von einem Gefühlsbergwerk erzählt,
das stillgelegt wurde,
als es zu viele Opfer fraß,
und von Augen, die im Weinen
keinen Sinn mehr sahen;
von der Beerdigung der Vergangenheit
und weißen Kleidern
für den neuen Menschen.

Macht mir ein einfaches Gedicht,
ein hohes, schlankes,
eins, das nicht überläuft,
wenn ich mein Gefühl hineingieße,
das alles sagt
und nichts verrät,
am besten eins
mit einem Loch im Boden,
durch das die Wahrheit pfeift.

Appell

Besorg dir eine Axt
und hacke Holz,
oder stell dich
unter eine Eisenbahnbrücke
und schrei dir
die Lunge aus dem Hals,
wenn der Zug kommt,
oder renne über Felder, Wiesen,
renne deine Wut heraus;
aber schlage nicht
blindlings um dich,
wenn du rot siehst,
du könntest weiches Leben treffen,
offenes Leben,
das sich dir verschließt;
räche dich nicht an dem Mann,
dessen Hände dich erinnern
an die Hände deines Vaters,
der dich schlug;
verletze nicht die Frau,
die der ähnelt,
auf die du dich verlassen konntest,
bis sie dich verließ.
Bestrafe keine Unschuldigen,
es gibt schon zu viele Justizirrtümer.

Handauflegen heilt.
Aber wer wagt es schon,
dich zu berühren.

Fall nicht

Fall nicht
vom Rücken des Lebens,
wenn es vorwärtsschnellt.
Halt dich gut fest,
laß dich nicht abwerfen
im Galopp der Ereignisse,
halte das Gleichgewicht
und lerne,
die Bewegung zu genießen –

und wenn du fällst,
wenn du im Staub liegst
mit zerbrochener Philosophie
und Sand in den Augen,
und alle deine Rufe
ins Leere gehen,
denk daran:
das ist der Moment,
in dem die Kunst des Reitens anfängt.

Spring wieder auf
und lerne zu lächeln
wie die tanzenden Artisten
auf ihren Pferden
unter der Zirkuskuppel.
Du bist dein eigenes Publikum,
dein eigenes Pfeifkonzert,
dein eigener Applaus.
Das Leben belohnt
deine Erfolge
mit Zugaben.

An einen Schnelläufer

Warum sich selbst überstürzen?
Bei deinem wilden Tempo
darfst du dich nicht wundern,
wenn du immer wieder stolperst.
Heißt es nicht,
Wege nach innen
seien mit ganzem Bewußtsein
zu gehen?
Sie sind gespickt
mit Tücken, Hindernissen,
falschen Abkürzungen.

Wer langsam geht,
kommt auch ans Ziel.

Nichts drängt dich –
außer deinem Fernweh
nach dir selbst.

Ausgesperrt

Der Vogel da über dem See
hat heute mehr Ahnung
vom Leben als ich
mit meiner vergeblichen Angelei
nach einem besseren Lebensgefühl.
Jetzt versuche ich,
wenigstens ein Gedicht
an Land zu ziehen,
aber der Wind weht
meine leichtesten Gedanken davon,
ehe ich sie festhalten kann,
und die Sonne meint es zu gut.
Ja, wenn ich fliegen könnte
wie dieser Vogel über dem See,
würde ich keine Gedichte mehr schreiben,
ich wäre ständig unterwegs
und immer zu Hause.
Ich würde nie wieder
ohne Schlüssel
vor der eigenen Tür stehen.

Kopf und Herz

Es ist nicht immer leicht,
an Jahren zu gewinnen
und nicht traurig zu sein
über den Anblick von Ruinen,
die einmal Häuser waren,
in denen es sich leben ließ
und lieben.

Es ist nicht immer leicht,
Geburtstage zu feiern
und nicht wehmütig zu werden
über das,
was nicht mehr ist,
außer im Gedächtnis
des Herzens.

Das Herz
in seiner unheilbaren Sehnsucht
hängt an zerbrochener Gemeinsamkeit,
trauert verpaßten Chancen nach,
längst demaskierten Illusionen,
sehnt sich zurück
nach verlorenem Glück.

Der Kopf
schmeißt alles
aus dem Fenster raus.

Das treue Herz
sammelt es heimlich ein
und bringt es
durch die Hintertür
wieder ins Haus.

Bekenntnis

Mein Herz glaubt
immer noch an Wunder,
sonst hätte es längst
die Wirklichkeit
zu seiner Religion gemacht.

Treue

Daß die Erfahrung
meine Träume
immer aufs neue
im Stich gelassen hat,
ist ein Grund mehr,
zu ihnen zu stehen.

Frei sein

Ich mag keine Musik,
die mir nicht aus dem Kopf geht.
Ich mag kein Gedicht,
das sich nicht vergessen läßt.
Ich mag keine Träume,
denen man nachlaufen muß.
Ich mag frei sein.
In mir soll Leere sein,
wenn hoher Besuch eintritt;
nur Leere lädt Erfüllung ein.

Ich höre nicht auf Menschen,
die nicht schweigend sprechen können.
Ich halte mich von Uhren fern,
denn sie verleugnen die Gegenwart.
Ich halte nichts von Gedanken,
die sich für unentbehrlich halten.
Ich halte es mit dem Freisein.

Ich will nichts tun müssen,
was meinem Herzen nicht gefällt;
nicht Lebendigkeit einbüßen
an die Wirklichkeit der Welt.

Ich will frei sein.
Ich will dabei sein,
wenn Leben passiert.
Ich will ganz hingegeben sein,
wenn es mich berührt –
so wie es unter Liebenden geschieht.

Morgenlied

Laß blauen Himmel
über uns leuchten,
laß unser Lebensgefühl steigen –
wie den Ballon dort überm See.

Wir sind zu gewichtig –
mit unseren Sandsäcken
voller Sorgen und Probleme,
unsere Ängste wiegen viel zu schwer,
halten uns fest am Boden.

Flöße uns Anmut ein,
laß uns die Schwerkraft
auf die leichte Schulter nehmen
und auf der Luft spazierengehen.

Freude

Ich lächle der Nacht
ins undurchdringliche Gesicht,
denn mein Empfinden
hat dein verborgenes
Leben aufgespürt
und sich liebkost gefühlt.

Meditation

Gelöst
und fast nicht mehr vorhanden.
Ängstliches Zögern an der Grenze,
über die wir keine
Gedanken schmuggeln können.

Wo wir allein sind mit uns,
ist vorherrschend Dunkelheit.

Es scheint,
der Weg in uns hinein
will anfangs
blind vertrauend gegangen sein.

Hand in Hand

Gefühle suchen sich Worte,
die ihnen passen
wie Kleider,
Worte,
die sitzen,
Worte,
die ihnen liegen.
Gefühle suchen sich Worte,
die sie gern tragen,
Worte,
die ihnen entsprechen,
Worte,
die ihnen zusagen.

Gefühle brauchen keine Worte,
aber manchmal gehen sie
gern mit ihnen
Hand in Hand
durch die Zeilen spazieren
und lassen Lyrik
hinter sich zurück.

Sprachlos

Tief in meiner Liebe zu dir
liebe ich alle Menschen.

Das ist leicht gesagt.

Den verelendeten Stadtstreicher,
der nach dem ersten Schnee
verfroren auf der Steinbank sitzt,
lad ich nicht ein
in meine warme Wohnung,
geschweige denn in mein Herz.

Er macht mir Angst,
nicht nur mit seinem Blick.

Ich geh an ihm vorbei,
wie alle,
gehe nach Hause,
stelle die Heizung an
und schreibe ein Gedicht,
dem die Worte fehlen.

Lernziel

Die Blumen
an meinem Fenster
sind nicht meine Blumen,
sie sind Leben,

und auch das Fenster
gehört nicht mir,
ich schaue nur hindurch

mit geliehenen Augen,
die klar sehen lernen wollen
vor dem Rückgabetermin.

In eigener Sache

Ich nehme mein Leben
in die Hand.
Leicht ist es
und gut zu fühlen.

Zeit gilt nicht,
wenn alles lauscht
und nur der Atem geht
wie sanfter Wind durchs Gras.

Ich schaue hoch.

Wer ich bin,
ist nicht zu sagen;
ich mache mir
keinen Vers auf mich;
kein Wort ist so grün
wie die Blätter der Bäume.

Ich bleibe auf dem Teppich
meiner Möglichkeiten
und hoffe,
daß er fliegen lernt.

Ernster Tag

Jeder Tag ist gut
genug für ein Gedicht,
selbst dieser mit
seinen gefallenen Blättern
auf Wiesen und Gehwegen,
seiner unwirtlichen Stimmung,
der Lähmung in der Luft.

Ich hätte große Lust,
der Atmosphäre ihren grauen Anzug
auszuziehen und sie in ihren langen
Unterhosen durch die Stadt zu scheuchen,
bis die Leute
aus allen dunklen Wolken fallen
und Papierschwalben
aus ihren Einkaufszetteln falten,

sich lustig machen über
einen so ernsten Tag.

Ein traumhafter Abgang

Ich träumte mich in ein Zugabteil
der Deutschen Bundesbahn hinein.
Ein Kontrolleur riß die Tür auf
und wollte meine Fahrkarte sehen.
Ich brauche keine Fahrkarte,
sagte ich freundlich,
ich bin nur im Traum hier.
Aber der Schaffner glaubte mir nicht.
Er dachte, ich wollte ihn hochnehmen,
und wurde richtig böse.

Als er mich zu beschimpfen begann
und mit der Polizei drohte,
öffnete ich das Fenster
und flog ins Freie.

Lyrischer Striptease

Sie zieht sich aus.
Ganz langsam.
Erst das Halstuch.
Dann die Bluse.
Dann die Jeans.
Jetzt der Slip.
Und zuletzt die Uhr.

Sie lächelt.

Es macht ihr Spaß,
sich für ein Gedicht
auszuziehen.

20 Uhr 15

Wenn ich von dir gekommen bin,
versuche ich,
bei dir zu bleiben.
Du machst es mir leicht,
es geschieht fast
ohne mein Dazutun.

Während ich diese Worte schreibe,
denkst du an mich.
Sag nicht nein,
es ist Sonntag
und 20 Uhr 15.

Entfernung

Den Bauch voll von Trauben,
das Herz voll von dir,
zwischen uns vierhundertfünfzig
verdammte Kilometer,
und neben mir dies Telefon.

Ich kann kaum den Hörer abnehmen,
so schwach bin ich
vor lauter Gefühl für dich.

Sie saß wie eine Statue

Sie saß wie eine Statue –
abgesehen davon,
daß der Wind ihr Haar
in Bewegung hielt.
Ich schaute sie lange an
und wartete auf ein Zeichen –
aber die Engel waren müde
oder spielten Harfe.
Wir waren allein
und trugen die volle Verantwortung
für alles,
was nicht passierte.

Dies eben

Dies eben,
als meine Hand sich
mutig zu dir tastete,
war ein Versuch,
die unsinnige Mauer
zwischen uns
aufzuheben.

Ich weiß,
selbst mit Berührungen
lassen sich Mauern bauen –
Judas verriet Jesus
mit einem Kuß.

Dies eben
war ein Durchbruch,
ein kleiner Sieg
über den Irrtum.

Herbstabend

Du liest in einem Buch.
Ich schaue dich an
und muß lächeln.
Herbstwind drückt gegen
die Fensterscheibe,
die Bäume verlieren
ihre letzten Blätter.
Das Buch unsrer Liebe
gewinnt von Tag zu Tag.

Ersatz

Du hast mir ein Lächeln
auf mein Gesicht geliebt,
und ich wollte dir
ein Gedicht darüber schreiben,
über dieses Lächeln
und seine Unschuld
und so weiter –

aber als ich darüber nachdachte
und nach den richtigen Worten suchte,
begann das Lächeln zu verschwinden,
und ich gab das Gedicht schnell auf –
es wäre zu teuer bezahlt gewesen.

Später schrieb ich dir dies statt dessen.

Sonnenkäfer

Wie aus dem Herz
des Sonnenuntergangs
kam dieser kleine Käfer,
rot mit schwarzen Punkten,
auf den Rücken
deiner Hand
in meiner.

Logisch

Ich lieg jetzt
einfach hier
und mag mich,
sagst du.

Und ich lieg
neben dir
und mag mich.

Was Wunder,
daß wir uns mögen.

Und richtig
mit uns liegen.

Luxus

Nicht,
weil ich traurig war –
nicht, weil ich mich freute –
sondern einfach,
weil ich nicht anders konnte,
weil ich innerlich überfloß,
flossen Tränen
aus meinen Augen
beim Blick in deine:

reiner Luxus
unserer Liebe.

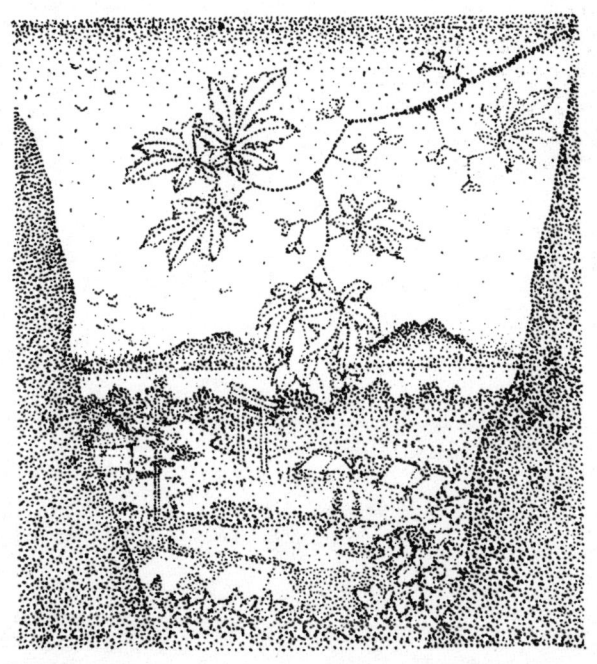

Sichtweise

Warum soll ich mir
dein Herz nicht
mit anderen teilen?

So weit, wie es ist,
dürfte es vielen
Platz bieten,
ohne daß einer
dem anderen
auf die Füße tritt.

Komplizen

Du siehst mich
durch dein großes Fenster
zu dir kommen
und gönnst dir schon
ein kleines Lächeln,
das deinem Leben gilt.

Ich stolpere durch deine Tür,
so wie du mich gern stolpern siehst,
und hänge meine Skrupel
an deiner Garderobe auf.

Ich stottere meinen Willkommensgruß
und steche mich
an den Dornen
der Rosen für dich.

Du drehst dich langsam
zu mir hin,
du hältst die Welt
in deinen Händen.
Ein neuer Plan
funkelt aus deinen Augen,
und wieder bin ich
dein Komplize.

Ein dunkler Punkt

Du bist auf dem Weg,
ich kann dich schon sehen:
ein dunkler Punkt
in weiter Ferne,
der langsam größer wird.
Du hast keine Eile,
und ich kann warten,
denn die Sonne scheint
auf meine besten Zeiten.

Hier, wo ich sitze,
wächst zwar der Pfeffer,
und die Füchse sagen
sich guten Tag,
aber nachts fressen mir
die Sterne aus der Hand,
und es gibt Frieden
in Hülle und Fülle.

Tage

Es gibt Tage,
da fühle ich nicht
das Glück,
das es bedeutet,
mit dir zu leben.
Tage,
an denen ich weine
hinter freundlichen Masken
aus Schwäche, Angst
und lieben Gewohnheiten,
denn:
ich stehe mir
im Weg
zu dir.

Und jeder Augenblick
ist kostbar.

Weitsicht

Sachzwänge
heißen die Wüsten
der Seele,
trocknen die Erde
der Gefühle aus,
bis ihre Blüten fallen.

Ich falle nicht
herein auf die Fata Morgana
vorschneller Reue:
jede Durststrecke
hat ein Ende.

Ich schließ die Augen
und seh es kommen:

mein Blick wird Liebe
sein für dich
in Bälde,
immer aufs neue.

Veränderungen

Die Stadt, in der ich wohne,
ist nicht mehr dieselbe Stadt,
seit du bei mir wohnst.

Das Land, dessen Sprache ich spreche,
ist nicht mehr dasselbe Land,
seit du mir gesagt hast,
was keiner Worte bedarf.

Die Welt, auf der wir leben,
ist nicht mehr dieselbe Welt,
seit unsre Herzen sich drehen –
umeinander, wie im Tanz.

Magie

Im Garten unserer Gefühle
wächst allerlei Wunderkraut,
damit brauen wir uns magische Tränke,
die zaubern uns die Schleier
vor den Augen weg,
durch die wir uns nicht
wirklich sehen.

Tiefe Träume

Du schenkst mir
tiefe Träume.
In ihnen sinke ich
den Dingen,
die mich aufwühlten,
auf den Grund
und sehe klar:

deine Liebe ist
ein unerforschliches Geheimnis.
Ich taste nicht mehr
mit unruhigen Händen
nach dem Unberührbaren.

Weg

Du das eine,
ich das andere Ufer,
zwischen uns der Fluß,
der Weg –
eine Bewegung
ins Uferlose.

Ernste Absicht

Wo alle Worte aufhören
und selbst Gedanken stören,
wo eine Wirklichkeit beginnt,
die dadurch schon befriedigt,
daß man sie annimmt,
dort will ich mit dir leben,
mit dir Wurzeln schlagen,
so tief und gründlich,
daß nichts und niemand
uns umwerfen kann.

Die Gedichte auf den Seiten 12, 31, 38, 39, 40, 41, 42, 43, 44, 63, 67, 71, 75, 76, 78, 79, 80, 81, 82, 85, 86, 89, 92, 93, 95, 96, 98, 101, 102, 104, 114, 115 erschienen erstmals in dem Band ›Gegengewicht‹ (Burg 1981), in einer einmaligen, begrenzten Auflage, und wurden inzwischen teilweise überarbeitet.

Die Gedichte auf den Seiten 9, 26, 32, 96 erschienen zuerst in der von Hans Kruppa herausgegebenen Anthologie ›Wo liegt Euer Lächeln begraben?‹ (Frankfurt 1983).

Das Gedicht auf Seite 23 erschien zuerst in der von Uwe-Michael Gutzschhahn herausgegebenen Anthologie ›Die Paradiese in unseren Köpfen‹ (Würzburg 1983).

Inhalt

Hans Kruppa

»Da spricht einer ganz natürlich von einem uns heute fast
abhanden gekommenen Wort: von Liebe. Er bekennt
sich mutig zum Gefühl und zu den Unwägbarkeiten, es
zu leben.«
Hans Jansen, Westdeutsche Allgemeine Zeitung

Eine Auswahl:

Eine gute Zeit
Erzählungen · 216 Seiten · Ln · DM 24,–

Nur wer sich liebt
Gedichte · 96 Seiten · Ln · DM 18,–
Mit sieben Grafiken von Annette Grüschow

Mach Dir den Tag zum Freund
Ein Geschenkkalender mit zwölf Monatsbildern
von Annette Grüschow
104 Seiten · Pb · DM 9,80

Liebesgedichte
96 Seiten · Ln · DM 18,–

Ein Abend mit Dir
Roman · 200 Seiten · Pb · DM 22,–

Preisänderungen vorbehalten

Schneekluth